民族文字出版专项资金资助项目

藏族嘉言萃珍（藏汉对照绘图本）

༄༅། །དགེ་ལྡན་ལེགས་བཤད།

格丹格言

班禅·索南扎巴　著

龙仁青　译

青海人民出版社

图书在版编目（CIP）数据

格丹格言：绘图本：藏汉对照 /（明）班禅·索南扎巴著；龙仁青译．-- 西宁：青海人民出版社，2019.11（2021.7 重印）
（藏族嘉言萃珍）
ISBN 978-7-225-05885-6

Ⅰ．①格… Ⅱ．①班… ②龙… Ⅲ．①藏族—格言—汇编—中国—藏、汉 Ⅳ．① H214.3

中国版本图书馆 CIP 数据核字（2019）第 271307 号

藏族嘉言萃珍

格丹格言（绘图本：藏汉对照）

（明）班禅·索南扎巴　著

龙仁青　译

出 版 人　樊原成
出版发行　青海人民出版社有限责任公司
西宁市五四西路 71 号　邮政编码：810023　电话：（0971）6143426（总编室）
发行热线　（0971）6143516 / 6137730
网　　址　http://www.qhrmcbs.com
印　　刷　青海雅丰彩色印刷有限责任公司
经　　销　新华书店
开　　本　787 mm × 1092 mm 1/32
印　　张　4.25
字　　数　50 千
版　　次　2020 年 1 月第 1 版　2021 年 7 月第 3 次印刷
书　　号　ISBN　978-7-225-05885-6
定　　价　24.00 元

༄། །མཁས་པ་དང་བླུན་པོ་བརྟག་པའི་བསྟན་བཅོས་དགེ་ལྡན་ལེགས་བཤད་པདྨ་དཀར་པོའི་ཆུན་པོ་ཞེས་བྱ་བ་བཞུགས་སོ། །

辨识贤愚论典之格丹格言·白莲花束

བཅོམ་ལྡན་འདས་ལུགས་གཉིས་ཀྱི་བདག་པོ་ལ་ཕྱག་འཚལ་ལོ།།

谨向出有坏二规之主敬礼!

1

ལུགས་གཉིས་ཇི་བཞིན་མཁྱེན་པ་ཡི། །
ཐུབ་དབང་ཞབས་ལ་གུས་བཏུད་ནས། །
མཁས་དང་བླུན་པོ་རྣམ་དབྱེ་བའི། །
ལེགས་བཤད་མདོ་ཙམ་བསྒྲུག་པར་བྱ། །

如实通晓双规者，
叩首能仁之足下。
区分智愚之格言，
在此简要论述之。

2

མཁས་པ་ཞེས་བྱ་འཇིག་རྟེན་དང་།།
ཆོས་ཀྱི་ཚུལ་ལ་མཁས་པ་སྟེ།།
རྣམ་པ་གཉིས་གསུངས་དེ་བཞིན་དུ།།
བླུན་པོ་ཡང་ནི་གཉིས་སུ་བཤད།།

在此所谓智者何?
乃是精通僧俗道,
世间二者而所言,
愚者则为其左者。

3

མཁས་པ་དང་པོ་ཚེ་འདི་དང་། །
ཕྱི་མ་དང་པོར་དགེ་འགྱུར་ཞིང་། །
བླུན་པོ་གཉིས་ནི་རིམ་པ་བཞིན། །
འདི་དང་ཕྱི་མར་ཕུང་ཞེས་བཤད། །

不论今生或来世，
智者渐次得善果。
然而愚者则不同，
今生来世皆被弃。

4

དེས་ན་མཁས་དང་བླུན་པོའི་ཁྱད།།
རི་རབ་དང་ནི་རྡུལ་ཕྲན་དང་།།
རྒྱ་མཚོ་དང་ནི་ལྟེང་ཀ་དང་།།
ནམ་མཁའ་ལག་མཐིལ་ལྟ་བུ་ཡིན།།

智者愚者之区别，
好似高山与尘埃，
如同大海与水塘，
恰如天空与手掌。

5

མཁས་པ་མཁས་པའི་དྲུང་ན་མཛེས། །
ཡོན་ཏན་ཇི་བཞིན་མཐོང་བས་ཡིན། །
རིན་ཐང་མེད་པའི་ནོར་བུ་དེ། །
དེད་དཔོན་ལག་ཏུ་མཛེས་ལ་ལྟོས། །

智者美在智者前，
缘在彼此慕学识。
且看无价之珠宝，
舵手手中多么美。

6

བླུན་པོའི་གམ་ན་མཁས་མི་མཛེས།།
ཡོན་ཏན་མཐོང་བ་མེད་པས་ནོངས།།
ཙན་དན་གསེར་ལས་རིན་ཆེ་བ།།
བླུན་པོས་སོལ་བར་བྱས་ལ་ལྟོས།།

愚者面前智者拙，
缘在不见其学识。
且看檀香贵于金，
却被愚者当炭烧。

7

མཁས་པ་མཁས་པའི་ངག་བཞིན་ཉན།།
དེ་ལས་ཡོན་ཏན་འོས་པ་འཛོབ།།
གྲུ་དཔོན་ལེགས་ཕྱིན་ངག་ཉན་པས།།
ཚོང་འགྲོན་དབྱིག་དང་འཕྲད་ཅེས་གྲགས།།

智者悉听智者言，
从中能将学识获。
商贾听从水手言，
入海得获诸珠宝。

8

བླུན་པོ་མཁས་པའི་ངག་མི་ཉན།།
དེ་ལས་ཉེས་སྐྱོན་འོས་པ་འཛོབ།།
ངང་པའི་ངག་བཞིན་མ་ཉན་པས།།
རུས་སྦལ་མཁའ་ལས་ལྷུང་ཞེས་གྲགས།།

愚者不听智者言，
甚至怪罪又指摘。
乌龟不听天鹅言，
便从天上落地面。

9

མཁས་པ་མཁས་པའི་སྐྱོན་པ་བརྗོད། །
དེ་ཡིས་ལུས་ཅན་དང་བ་འདྲེན། །
རི་བོང་སེམས་དཔའི་གྲགས་པ་གང་། །
བརྒྱ་བྱིན་གྱིས་ནི་བརྗོད་ལ་ལྟོས། །

智者总夸智者好，
使得众生亦舒畅。
野兔得道之声誉，
乃是释帝所宣扬。

10

བླུན་པོས་མཁས་པའི་མི་སྙན་བརྗོད།།
དེ་ཡིས་ལུས་ཅན་དང་བ་ལྡོག།
མཛའ་བོས་དགེ་སློང་གྲུད་ནོར་གྱི།།
མི་སྙན་བརྗོད་པའི་བྱུང་བ་ལྟོས།།

愚者总是贬智者，
使得众生亦反感。
且看人称杂沃者，
诽谤坚诺比丘僧。

11

མཁས་པས་མཁས་པ་དབུལ་མཐོང་ན། །
སྙིང་རྗེ་སེམས་ཀྱིས་ཡི་རངས་བྱེད། །
དཀའ་ཐུབ་གཙང་མའི་དྲང་སྲོང་ལ། །
བརྒྱ་བྱིན་དགྱེས་པའི་བྱུང་བ་སྙོམས། །

智者见到智者苦，
心中便生同情意。
清净苦行之仙人，
备受释帝之爱怜。

12

བླུན་པོས་མཁས་པ་དབུལ་མཐོང་ན།།
ང་རྒྱལ་སེམས་ཀྱིས་ཁྱད་གསོད་བྱེད།།
སྤྲེལ་རྒན་རྣམས་ཀྱིས་མི་བཟུང་ནས།།
མཇུག་མ་མེད་ཅེས་བགད་ལ་ལྟོས།།

愚者见到智者苦，
反以傲慢去讽刺。
老猴捉住行人后，
笑其臀部无尾巴。

13

མཁས་པས་གོང་མ་ཐོད་བཞིན་ཁུར། །
དེ་ཡིས་བདག་ཉིད་གོང་དུ་འཛེགས། །
བཞིན་བཟང་གིས་ནི་ཡུལ་འཁོར་སྐྱོང་། །
མཆོག་ཏུ་བཀུར་བའི་ཡ་མཚན་ལྟོས། །

智者顶礼上师尊，
使得自身亦增辉。
请看美艳之王妃，
如此恭敬侍国王。

14

བླུན་པོས་གོང་མ་ཁྱད་དུ་གསོད།།
དེ་ཡིས་བདག་ཉིད་འོག་ཏུ་ལྷུང་།།
གཙུག་ཕུད་ཅན་གྱིས་རང་གི་ཕ།།
དགྲ་བཅོམ་བསད་པའི་ཉེས་དམིགས་ལྟོས།།

愚者蔑视上师尊，
如此也使己卑鄙。
残忍弑父顶鬘者，
罪孽无穷缠自身。

15

མཁས་པས་བདེན་པར་སྨྲ་བ་ཡིས།།
རང་ཚིག་གཞན་གྱིས་ཚད་མར་བྱེད།།
རྒྱལ་བའི་སྲས་ཀྱིས་བདེན་སྨྲས་པས།།
སུ་དྷ་བུ་ཡིས་མཉན་ལ་ལྟོས།།

智者只讲真理言，
他人以此作典范。
请看王子讲真言，
苏达之子皆照办。

16

བླུན་པོས་རྫུན་པར་སྨྲ་བ་ཡིས།།
རང་ཚིག་གཞན་གྱིས་རིས་སུ་བོར།།
མུ་སྟེགས་བྱེད་ཀྱིས་རྫུན་སྨྲས་པས།།
ཁྱིམ་བདག་ལུག་གིས་སྤྱངས་ལ་ལྟོས།།

愚者时常讲谎言，
亦被他人所蔑视。
请看外道讲谎言，
却使主人弃绵羊。

17

མཁས་པས་འཕྲལ་དང་ཕྱིས་གཉིས་ལས། །
ཕྱིས་སུ་བདེ་བ་མཆོག་ཏུ་བྱེད། །
ཐམས་ཅད་སྒྲོལ་གྱི་དཀའ་ཐུབ་ཀྱིས། །
ཆོས་སྐུའི་བདེ་བ་ཐོབ་ལ་ལྟོས། །

今生以及来世间，
智者看重后世福。
解脱一切苦行僧，
安然修得佛陀身。

18

བླུན་པོས་འཕྲལ་དང་ཕྱིས་གཉིས་ལས།།
འཕྲལ་དུ་བདེ་བ་མཆོག་ཏུ་བྱེད།།
རི་དྭགས་རུ་རུས་ཕན་བཏགས་པའི།།
མི་ངན་གྱི་ནི་སྤྱོད་ཚུལ་ལྟོས།།

今生以及来世间，
愚者看重今生福。
神兽麋鹿行善事，
却遭恶人之报复。

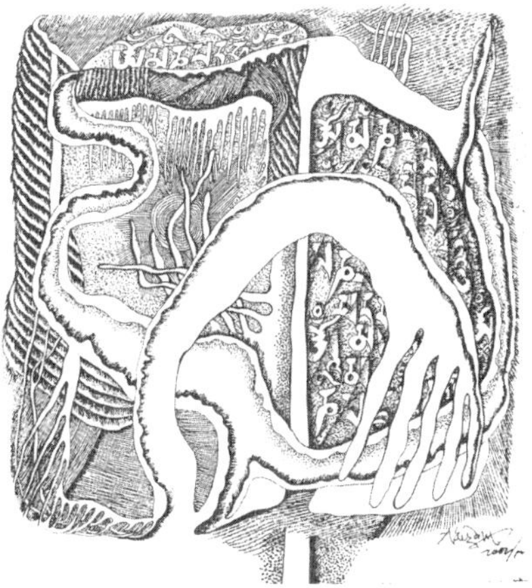

19

མཁས་པ་དང་པོ་མཐུན་ཕྱིན་ཆད།།
མཛའ་བ་ནམ་ཡང་གཏོང་མི་བྱེད།།
སྤྲེའུའི་དབང་པོས་སྤྲེའུའི་ཚོགས།།
རྗེས་སུ་བསྐྱངས་པའི་སྤྱོད་ཚུལ་ལྟོས།།

智者历来重友情，
彼此情谊用不弃。
请看神勇美猴王，
悉心呵护众猴群。

20

བླུན་པོ་དང་པོ་མཐུན་ན་ཡང་། །
ཅུང་ཟད་ཙམ་གྱིས་འགྱུར་ལྡོག་བྱེད། །
ཤིང་རྟ་མོ་དང་མཛའ་བ་ཡི། །
སེང་གེ་ངན་པའི་སྤྱོད་ཚུལ་ལྟོས། །

愚者起初虽和睦，

不久便会起变化。

与狮交往啄木鸟，

终被凶残恶狮吞。

21

མཁས་པ་ལུས་སྟོབས་ཆུང་ན་ཡང་། །
རྣམ་དཔྱོད་རྩལ་གྱིས་དགྲ་ལས་རྒྱལ། །
རི་བོང་བློ་དང་ལྡན་པ་ཡིས། །
རི་དྭགས་རྒྱལ་པོ་བསད་ཅེས་གྲགས། །

智者虽然力道小，
却以智慧胜恶敌。
兔子依靠己聪明，
将那兽王雄狮杀。

22

བླུན་པོ་ལུས་སྟོབས་ཆེ་ན་ཡང་། །
བློ་གྲོས་དམན་པས་དགྲ་དབང་འགྲོ། །
ལུས་པོངས་ཆེ་བའི་གླང་པོ་ཉིད། །
སྲེ་མོང་དག་གིས་བསད་ལ་ལྟོས། །

愚者虽然有力量，
愚笨反被敌人控。
且看伟岸之大象，
却被小小黄鼬杀。

23

མཁས་པ་ཡོན་ཏན་ཀུན་ལྡན་པས། །
གང་དུ་ཕྱིན་པ་དེ་རུ་ བྲིན། །
རྟ་ཕོ་བཟང་དང་རྒྱན་བཟང་པོ། །
ཚོང་འདུས་དག་ཏུ་ བྲིན་ཞེས་གྲགས། །

智者具备众智慧，
所到之处受礼遇。
良驹配以好佩饰，
集市之上见者赞。

24

བླུན་པོ་ཉེས་པ་ཀུན་ལྡན་པས། །
གང་དུ་ཕྱིན་པ་དེ་ནས་སྐྱོག །
བོང་ཤ་ཡིན་པར་ངོ་ཤེས་ན། །
སུས་ཀྱང་ཉོ་བ་མེད་ལ་སྐྱོས། །

愚者身上皆陋习，
四处皆遭人排斥。
羊市若是卖驴肉，
识破再无有买者。

25

མཁས་པ་རང་གི་ཡུལ་ལས་ཀྱང་། །
ཡུལ་ཁམས་གཞན་དུ་མཆོད་པ་ཐོབ། །
ནོར་བུ་གཞན་དུ་རྲིན་པ་ཅམ། །
རྒྱ་མཚོའི་ནང་དུ་ག་ལ་རྲིན། །

智者如若到他乡，
更比故乡受人尊，
珠宝在外极珍贵，
大海之中却庸常。

26

བླུན་པོ་གང་དུ་གནས་ན་ཡང་། །
ལུས་ཅན་ཀུན་གྱིས་སྨོད་པར་བྱེད། །
ཉེས་འོངས་ཞེས་བྱའི་ཁྱིམ་བདག་བྱ། །
སྐྱེ་བོ་ཀུན་གྱིས་ཐོར་ལ་ལྟོས། །

愚者不论到何处，
总被众生所嫌弃。
请看被称尼沃者，
遭到众人之唾弃。

27

མཁས་པ་དམ་ཚིག་གཙང་བའི་མཐུས།།
ཡིད་ལ་འདོད་པའི་དོན་ཆེན་འགྲུབ།།
སྲིག་པའི་ཕྲུ་གུ་སེམས་བསྐྱེད་པས།།
ཕ་རོལ་མེ་ཆེན་ཡོག་ལ་ལྡོས།།

智者所言皆真挚，
成就心中所想事。
心疼孩童被火烧，
依然跃入火丛中。

28

བླུན་པོ་དམ་ཚིག་མི་གཙང་བས། །
མི་འདོད་མཚན་མ་འཕྲལ་དུ་འབྱུང་། །
ཅི་ཚུགས་བྱས་ཀྱང་བརླག་པར་འགྱུར། །
མེ་ཡིས་འཇིགས་པས་འཕགས་སྐྱེས་པོ། །
སྐྱིད་མོས་ཚལ་དུ་ཚིག་ལ་ལྟོས། །

愚者言语不真挚，
即刻引发倒霉事，
无论何事皆会败。
增长天王欲纵火，
林苑之中反被烧。

29

མཁས་པ་ཕམ་པ་ཅན་གྱིས་ནི།།
དགྲ་ལན་ལྡོན་པའི་བློ་སྟོབས་འབྱུང་།།
མདའ་ཡིས་ཕོག་པའི་བྱང་གཡག་གིས།།
ཛོན་པ་སྒྲོག་དང་ཕྲལ་ལ་ལྡོས།།

智者遇事不如意，

继而生发奋起心。

被箭所射野牦牛，

愤然冲向狩猎人。

30

བླུན་པོ་ལན་ཅིག་ཕམ་པ་ན།།
གཉེན་ལ་འཁང་ཞིང་དགྲ་བློ་ཞི།།
ཁྱི་ངན་ལ་ནི་རྡོ་ཐོག་ན།།
འཁང་ནས་ཉལ་བའི་སྐྱོད་ཚུལ་ལྟོས།།

愚者遇事不如意，
埋怨亲友忘恶敌。
被石击中之老狗，
呻吟几声卧地上。

31

མཁས་པ་དོན་གྱི་གལ་ཐུག་ན། །
དགྲ་བོ་གང་ལའང་འཇིགས་པ་མེད། །
ལྷ་དབང་གཅིག་གིས་ལྷ་མིན་གྱི། །
དཔུང་ཚོགས་ཕམ་པའི་བྱུང་བ་ལྟོས། །

智者遭遇关键事，
任何敌人亦不惧。
且看释帝独一人，
击溃非天众兵马。

32

བླུན་པོ་དོན་གྱི་གལ་ཐུག་ན།།
ཅུང་ཟད་ཙམ་ལའང་སྐྲག་པ་སྐྱེ།།
མི་ལ་ཟྲགས་སུ་འཁྲུལ་བ་ཡིས།།
སྟག་གི་སྙིང་སྲིད་གས་ལ་ལྟོས།།

愚者一遇关键事，
即刻便生恐惧心。
猛虎将人错为魔，
一时吓得肝胆裂。

33

མཁས་པ་མང་དུ་འདུས་པ་ན།།
བློ་གྲོས་བསྡུར་བས་ལེགས་ལ་སྦྱོར།།
གླང་པོ་ལ་སོགས་གྲོགས་ཚགས་བཞི།།
འཛོམས་ནས་བསླབ་ཁྲིམས་བཅས་ལ་ལྟོས།།

智者聚集在一起，
群策群力成好事。
和睦四瑞聚一起，
彼此尊重成规矩。

34

བླུན་པོ་མང་དུ་འདུས་པ་ན།།
གློ་ངན་བསྐུར་བས་ཉེས་ལ་སྦྱོར།།
རྫོགས་བྱེད་མང་དུ་འདུས་ནས་ནི།།
འཕགས་པ་མཽདྒལ་བཀྲོངས་ལ་ལྟོས།།

愚者一旦聚一起，
阴谋诡计成坏事。
富蓝那等聚一起，
居然杀死目犍连。

35

མཁས་པ་རེ་རེའི་དགེ་མཚན་གྱིས།།
རྒྱལ་ཁམས་ཀུན་ལ་བདེ་སྐྱིད་འབྱུང་།།
ཤ་བྱིན་ཞེས་བྱའི་ཆོས་རྒྱལ་གྱིས།།
རང་སྲིད་བསྐྱངས་པའི་ཡ་མཚན་ལྟོས།།

每位智者之善举，
使得家国得安宁。
且看法王夏金他，
治国理家甚奇妙。

36

བླུན་པོ་རེ་རེའི་བྱེད་པ་ཡིས། །
རྒྱལ་ཁམས་ཀུན་ལ་སྡུག་བསྔལ་འབྱུང་། །
མ་ལ་གནོད་ཀྱི་བྱེད་པ་ཡིས། །
ཤཱཀྱའི་རིགས་ནི་ཕུང་ལ་ལྟོས། །

每位愚者之行径，
使得家国遭祸殃。
且看起意害母亲，
释迦种姓皆毁灭。

37

མཁས་པ་ཆགས་སྡང་ཞི་བ་ཡིས།།
དགྲ་བོ་དང་ཡང་མཛའ་བ་འཛོབ།།
རི་དྭགས་ཤ་ཧྲས་བསྐྱལ་བ་ཡིས།།
རྒྱལ་པོ་དཀའ་བའི་ངང་ཚུལ་སྐྱོས།།

智者心中无贪念，
敌我亦能化干戈。
狮子纵然腾跃起，
危难之时救国王。

38

བླུན་པོ་ཆགས་སྡང་གོམས་པ་ཡིས། །
ཀུན་དང་འཁོན་པ་ངང་གིས་འཛོམ། །
དུག་སྦྲུལ་གདུག་པའི་གཟུགས་མཐོང་ན། །
སྐྱེ་བོ་མཐའ་དག་བྲོས་ལ་ལྟོས། །

愚者喜怒皆无常，
时常与众结恶怨。
且看毒蛇一出洞，
见者纷纷皆逃窜。

39

མཁས་པའི་རྙེད་པ་རྙེད་པ་སྟེ། །
འབྱུང་འོས་ཞིག་ལས་བྱུང་བ་ཡིན། །
སྐྱེ་བོ་མང་པོས་བཀུར་བ་ཡིས། །
སྟོན་གྱི་རྒྱལ་པོའི་ཡ་མཚན་ལྟོས། །

智者所得是真得，

乃因始终合情理。

且看德义持轮王，

得到众人之拥戴。

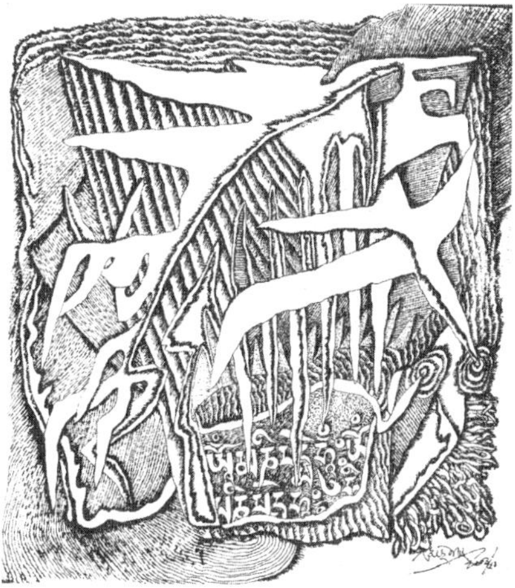

40

བླུན་པོའི་རྙེད་པ་ལོག་འཚོ་སྟེ།།
འབྱུང་མི་འོས་ཞིག་བྱུང་བ་ཡིན།།
ཝ་སྐྱེས་རྒྱལ་པོར་བཀུར་བ་ཡིས།།
རི་དྭགས་རྒྱལ་པོས་བསད་ལ་ལྟོས།།

愚者所得是贪邪，
生发不该发生事。
拥戴狐狸成大王，
兽王雄狮却被杀。

41

མཁས་པ་དང་པོ་བརྩམས་ཕྱིན་ཆད། །
ཅི་ལ་ཐུག་ཀྱང་ཕ་མཐར་སྐྱེལ། །
མི་འོབས་བརྒལ་ནས་ཚོང་དཔོན་གྱིས། །
དྲང་སྲོང་མཆོད་པའི་སྙིང་སྟོབས་ལྟོས། །

智者一旦着手干，
遭遇何事亦善终。
且看商贾跨火坑，
敬奉仙人之毅力。

42

བླུན་པོས་བྱ་བ་གང་བརྩམས་ཀྱང་། །
ཕྱིས་སུ་འཚོངས་པ་གཅིག་ཀྱང་མེད། །
ཁྱིའུ་མེ་སྐྱེས་པ་ཡིས་ནི། །
བུད་མེད་ལྟོ་བ་མཉེས་ལ་ལྟོས། །

愚者不论做何事，

从不善始又善终。

蛮父搓揉孕妇腹，

腹中之子遭误杀。

43

མཁས་པས་གཞན་དག་ཅི་ཟེར་ཡང་། །
དོན་ལ་བལྟས་ནས་འཇུག་ལྡོག་བྱེད། །
བྲམ་ཟེའི་སློབ་མས་སློབ་དཔོན་གྱིས། །
ཀུ་བར་བསྔགས་པ་བཟློག་ལ་ལྟོས། །

智者面对他人言，
依据其意作取舍。
且看婆罗门学子，
抗议上师赞偷盗。

44

བླུན་པོས་དོན་ལ་མི་ལྟ་བར།།
གཞན་གྱིས་བྲིད་པའི་དབང་དུ་གཏོང་།།
སྲིན་མོའི་ངག་བཞིན་ཉན་པ་ཡིས།།
ཚོང་མགྲོན་མཐའ་དག་ཕུང་ལ་ལྟོས།།

愚者对事无分辨，
常遭他人之蛊惑。
商贾误信魔女言，
无一例外遭刀斩。

45

མཁས་པ་ཕྱིན་ཅི་རྒུད་ན་ཡང་། །
ཟླ་བ་བཞིན་དུ་ཡར་ངོ་འཕྲུང་། །
བཙོན་རར་འཁོད་པའི་སློན་པོ་མགར། །
རྗེས་སུ་ཀུན་ལས་རྒྱལ་ཞེས་གྲགས། །

智者即便遭厄运，
亦如新月渐盈满。
身陷囹圄禄东赞，
事后却受众人尊。

46

བླུན་པོ་ལན་ཅིག་རྒུད་པ་ན།།
མར་མེ་བཞིན་དུ་ཟད་པར་འགྱུར།།
བཟོད་སྒྲུར་རྒོལ་བའི་རྒྱལ་པོ་ཉིད།།
འཕྲལ་དུ་བརླགས་པའི་ངང་ཚུལ་ལྟོས།།

愚者一旦遭衰微，
好似油灯成灰烬。
且看君王拒修忍，
最终自行取灭亡。

47

མཁས་པས་གཞན་དག་འཐབ་པ་ན། །
ཕན་པའི་སེམས་ཀྱིས་མཐུན་པར་སྒྲུབ། །
རྒྱལ་བུ་དད་པས་ཀླུ་རྒྱལ་གཉིས། །
མཛའ་བར་བྱས་པའི་དགེ་མཚན་ལྟོས། །

智者见人争吵时，
利乐之心促和好。
王子虔诚心所动，
相争龙王又和好。

48

བླུན་པོས་གཞན་དག་འཐབ་པ་ན།།
ཀྱོག་པོའི་སེམས་ཀྱིས་ཅི་དགར་འཛོག།
བྱི་བས་གླང་ཆེན་སྲེ་མོང་གཉིས།།
བཏང་སྙོམས་བྱས་པས་ཕུང་ལ་ལྟོས།།

愚者看到人争吵，
肆意玩弄叵测心。
大象黄鼬争吵间，
斡旋老鼠却遭殃。

49

མཁས་པས་ནོར་བསགས་སྦྱིན་པར་གཏོང་། །
དེ་ཡིས་ཁྲོན་ཆུ་བཞིན་དུ་འཕེལ། །
འཕྲུལ་ལ་མཐོ་ཞེས་ཁྱེའུ་ཡིས། །
སངས་རྒྱས་མཆོད་པའི་བསོད་ནམས་ལྟོས། །

智者得财便布施，
财运兴旺如泉涌。
且看婴孩查拉妥，
供奉佛陀之福运。

50

བླུན་པོས་སེར་སྣས་ལོངས་མི་སྤྱོད།།
དེ་ཡིས་ཟླ་བ་བཞིན་དུ་འཛད།།
སྦྲང་མས་བསགས་པའི་སྦྲང་རྩི་རྣམས།།
གཞན་གྱིས་སྤྱད་ནས་ཟད་ལ་ལྟོས།།

愚者吝啬不布施，
运势亦如下弦月。
蜜蜂采集之花蜜，
却被他人尽享用。

51

མཁས་པས་དང་པོ་འཐབ་རྩོད་སྤོང་། །
འཐབ་ཉིང་དགྲ་ལ་ནུས་ཐོན་བྱེད། །
རྒྱལ་པོ་སྲིད་སྒྲུབ་ཅེས་བྱ་བས། །
ཕ་རོལ་དམག་ཚོགས་བཅོམ་ལ་ལྟོས། །

智者尽量免争端，
一旦交锋则必胜。
据说释帝之王子，
打得敌群全溃散。

52

བླུན་པོས་དང་པོ་འཐབ་རྩོད་སློང་།།
འཐབ་ནས་རྒྱལ་ཁ་དགྲ་ལ་གཏོད།།
རྒྱལ་པོ་མེ་ལོང་འཛིན་པ་ཡིས།།
རྒྱལ་ཁ་བློན་པོར་ཤོར་ལ་ལྟོས།།

愚者乐意挑争端，

胜利拱手与敌人。

据说持镜之女王，

却使大臣成胜者。

53

མཁས་པས་རང་ལ་གནོད་ནུས་པའི། །
དགྲ་བོ་ཐོག་མར་འཆམ་ལ་འབེབས། །
དེད་དཔོན་རྒྱ་མཚོར་འཇུག་པ་ན། །
སྔོན་ལ་ཆུ་སྲིན་གསོད་ཅེས་གྲགས། །

对己不利之事物，
智者事先便降伏。
船夫起航大海时，
必将鳄鱼先斩杀。

54

བླུན་པོས་རང་ལ་གནོད་ངེས་ཀྱང་། །
ཟང་ཟིང་སེམས་ཀྱིས་ཅི་དགར་འཛོག །
གཟུགས་ཅན་སྙིང་པོས་ལུས་འཕགས་མ། །
བཙུན་མོར་བྱས་པའི་ཉེས་དམིགས་ལྟོས། །

虽知对己多不利，
愚者忐忑难左右。
影胜王娶身胜女，
最终却将自身葬。

55

མཁས་པས་རང་གི་སྙན་གྲགས་གང་། །
སྐྱེ་བོ་གཞན་ལ་བགོ་བཤའ་བྱེད། །
རྒྱལ་པོས་བསྟན་པ་བཙུགས་པ་ཡི། །
སྙན་གྲགས་འགོས་ཀྱིས་ཐོབ་ལ་ལྟོས། །

智者将己之美誉，
亦让他人来分享。
且看国君立佛律，
桂大将军美名扬。

56

བླུན་པོས་རང་གི་ཉེས་སྐྱོན་རྣམས། །
སྐྱེ་བོ་གཞན་ལ་ནན་གྱིས་བཀོད། །
གཡོ་ཅན་གྱིས་ནི་གོ་ཏམ་དྲུང་། །
རལ་གྲི་ཁྲག་ཅན་བོར་ལ་ལྟོས། །

愚者将己之劣迹，

蛮横置于他人身。

暴徒杀死他人后，

却将凶器抛别处。

57

མཁས་པས་ཐབས་ལ་མཁས་པའི་མཐུས། །
ཆེན་པོ་རྣམས་ཀྱང་བྲན་དུ་བཀོལ། །
མཁའ་ལྡིང་མཐུ་རྩལ་ཆེ་ན་ཡང་། །
གོས་སེར་ཅན་གྱིས་ཞོན་ལ་ལྷོས། །

智者善于用谋略，
位尊者亦愿听从。
鹏鸟虽然技艺高，
却被黄衣者驾驭。

58

བླུན་པོ་ཐབས་ལ་མི་མཁས་པས།།
ཆུང་ངུ་རྣམས་ཀྱིའང་བྲན་དུ་འགྱུར།།
ཝ་ཡིས་ཁུར་པོ་བསྐུར་བ་ཡིས།།
སེང་གེ་རྒྱགས་པའི་སྐྱོད་ཚུལ་ལྟོས།།

愚者穷于无谋略，
弱者也将其奴役。
且看狐狸之重负，
却让雄狮驮背上。

59

མཁས་པ་བློ་གྲོས་མཛངས་པའི་མཐུས། །
རང་གི་གཏམ་ངན་ཐབས་ཀྱིས་སེལ། །
དྲང་སྲོང་ཞིག་གིས་རྒྱལ་པོ་ལ། །
ཐབས་ཀྱིས་དག་པར་བྱས་ལ་ལྟོས། །

智者巧用己智谋，
澄清排除众非议。
且看仙人用智谋，
能使君王改圣旨。

60

བླུན་པོ་མཛངས་པའི་བློ་མེད་པས།།
རང་གི་གཏམ་ངན་ངོ་སོར་བྱེད།།
ཙུ་ཏའི་ཡུལ་གྱི་རྒྱལ་ཕྲན་འགལ།།
ཕ་བསད་པ་ལ་རྒྱལ་ཛ་རྡུང་།།

愚者缺智又少谋，
却把恶言当尊严。
孜达之地小邦国，
击鼓庆贺父被弑。

61

མཁས་པ་ཤིན་ཏུ་ཉམ་ང་བའི། །
གནས་ལ་གཟུར་བ་དཔའ་རྟགས་ཏེ། །
སེང་གེས་ཁྱུ་མཆོག་གསོད་པའི་ཚེ། །
རྭ་ལ་གཟུར་བ་བྱེད་ཅེས་གྲགས། །

智者置于恶境时，
暂且退居是英明。
雄狮扑食野牛时，
总是避开野牛角。

62

བླུན་པོས་རྟོག་དཔྱོད་མི་གཏོང་བར།།
དགྲ་ལ་རྫོད་པ་བླུན་རྟགས་ཏེ།།
མར་མེའི་འོད་ལ་འཐབ་པ་ཡི།།
ཕྱེ་མ་ལེབ་ཀྱི་ངང་ཚུལ་ལྟོས།།

不作思考与伺察，
莽撞迎敌是愚相。
请看无知之夜蛾，
敢与灯火相较量。

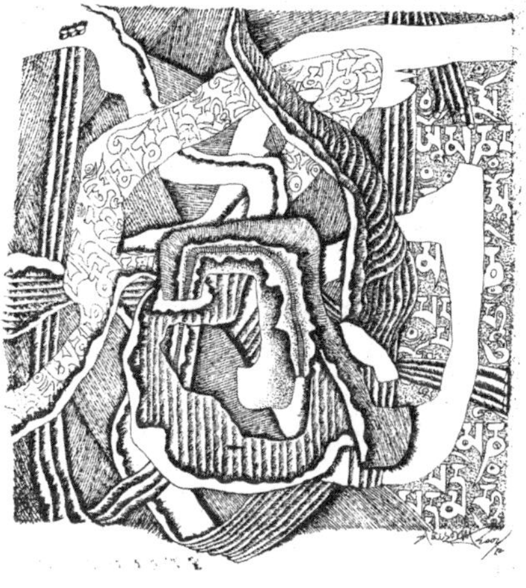

63

མཁས་པས་འོས་པ་བཞིན་བྱེད་པས།།
སྐྱེ་བོ་སུས་ཀྱང་ཚོད་འཛིན་སླ།།
གླང་པོ་རང་ལུས་བོར་བ་ཉིད།།
ཕོངས་པ་རྣམས་ཀྱིས་ཤེས་ལ་ལྟོས།།

智者所为合情理，
无论是谁皆明了。
大象无私献自身，
贫弱众生皆知晓。

64

བླུན་པོ་མི་བྱེད་དགུ་བྱེད་པས། །
སྐྱེ་བོ་སུས་ཀྱང་ཚོད་འཛིན་དཀའ། །
ཀླ་ཀློའི་ཡུལ་ལྡོངས་ཁ་ཅིག་ན། །
མ་ཉིད་བག་མར་ལེན་ལ་ལྟོས། །

愚者胡作又非为，
众人皆难明其理。
某些野蛮之地方，
居然娶母为己妻。

65

མཁས་པས་སྔར་སྲོལ་བཟང་པོ་སྐྱོང་།།
དེ་ཡིས་བདེ་བ་བརྟན་པོ་འཐོབ།།
ཡི་དབང་རྒྱལ་པོས་ཡབ་མེས་བཞིན།།
རྒྱལ་བའི་བསྟན་པ་མཚོད་ལ་ལྟོས།།

智者继承好传统，
如此富强且安康。
大明王室遵祖训，
王朝长治又久安。

66

བླུན་པོས་སྔར་སྲོལ་བཟང་པོ་སྐྱུབ། །
དེ་ཡིས་སྡུག་བསྔལ་དྲག་པོ་འཐོབ། །
རྒྱལ་པོ་ཁུ་དུམ་བཙན་གྱིས་ནི། །
བསྟན་པ་བསྣུབས་པའི་ཉེས་དམིགས་ལྟོས། །

愚者破除好传统，
如此痛苦皆饱尝。
达玛赞普灭佛法，
从此背负罪恶劫。

67

མཁས་པས་ས་ཆེན་གང་གྱུར་ཀྱང་།།
ཉུང་བ་བཞིན་དུ་གདུང་བ་སྐྱེ།།
རྒྱ་མཚོ་ནོར་བུས་གང་ན་ཡང་།།
ཚོང་མགྲོན་ཆོམ་པ་མེད་ལ་ལྟོས།།

智者虽然满大地，
依然嫌少生怜惜。
大海深处皆珠宝，
商客从未得满足。

68

བླུན་པོ་གཅིག་ལས་མེད་ན་ཡང་། །
མང་བ་བཞིན་དུ་ཉེས་སྐྱོན་ཆེ། །
སྦལ་པ་རྨ་ཅན་གཅིག་གིས་ནི། །
སྲོག་ཆགས་ཀླུ་བོ་ཕུང་ལ་ལྟོས། །

愚者即便是一人，
其害却比众恶人。
一只受伤之青蛙，
却使种群亦遭殃。

69

མཁས་པ་གལ་ཏེ་ནོར་ན་ཡང་། །
ཅུང་ཟད་ཙམ་གྱིས་མཐོ་དམའ་ཡིན། །
ཚག་ཚད་ཤེས་པའི་བཟོ་བོ་ཡིས། །
ནོར་ཡང་སོར་གང་ཡིན་ཞེས་གྲགས། །

智者一时有差池，
亦是一丝一毫间。
技艺高超之裁缝，
出错亦在一指间。

70

བླུན་པོ་གལ་ཏེ་ནོར་བ་ན། །
ཚད་ལས་བརྒལ་བའི་མཐོ་དམའ་འབྱུང་། །
རི་དྭགས་རྒྱ་རུ་ཚུད་པ་ན། །
སྲོག་དང་བྲལ་བའི་ཉེས་དམིགས་ལྟོས། །

愚者一旦出错讹，
其错悬殊难估量。
野兽一旦落陷阱，
继而便是把命丧。

71

མཁས་པས་རང་སྲིད་ནང་བསྡུམས་ཏེ།།
སྡང་བའི་དགྲ་ལ་ནུས་པ་འདོན།།
སྲིན་པོས་རང་ཁྲིམས་བསྡམས་ནས་ནི།།
པ་རོལ་མི་ཤ་ཟ་ལ་ལྷོས།།

智者对内讲和睦，
全力以赴对外敌。
且看罗刹重自律，
对外一同食人肉。

72

བླུན་པོ་དགྲ་ལ་བག་འཁུམས་ཀྱང་། །
ནང་དུ་འཁྲུགས་ཡོང་སྣ་ཚོགས་བྱེད། །
ཁྱི་ངན་མི་ལ་མཇུག་བསྒྲིལ་ཡང་། །
ཕན་ཚུན་སྐྱེལ་བསུ་བྱེད་ལ་སྤྱོས། །

愚者遇敌就疲软，
对内行径却强悍。
弱犬对人摇尾巴，
一遇同类便凶险。

73

མཁས་པས་དགྲ་ལ་མིག་བསྲིངས་པས། །
ཐ་མར་དགྲ་བོ་དབང་དུ་སྡུད། །
དཀའ་ཐུབ་ཅན་གྱི་བཟོད་པ་ཡིས། །
རྒྱལ་པོ་དབང་དུ་བསྡུས་ལ་ལྟོས། །

智者对敌放长线，
最终恶敌皆归顺。
请看忍者历苦行，
终使君王亦俯首。

74

བླུན་པོས་དགྲ་ལ་ལན་བྱས་པས། །
དཀའ་བ་རྒྱུན་མི་འཆད་པ་འཐོབ། །
སྐྱག་ཆགས་བྱ་རོག་འུག་པ་གཉིས། །
རྟག་ཏུ་འཐབ་པའི་སྤྱོད་ཚུལ་ལྟོས། །

愚者欲向敌复仇，
所遇不利却不断。
且看乌鸦猫头鹰，
总是争斗无间断。

75

མཁས་པ་ང་རྒྱལ་ཞི་བའི་མཐུས། །
དམ་པ་བསྟེན་ནས་ལེགས་བཤད་ལེན། །
གཞོན་ནུ་ནོར་བཟང་ཞེས་བྱ་བས། །
བཤེས་གཉེན་བཅལ་བའི་རྣམ་ཐར་ལྟོས། །

智者谦逊不傲慢，
常拜圣者听善言。
且看少年诺桑王，
寻访名师之美传。

76

བླུན་པོ་ང་རྒྱལ་ཆེ་བའི་མཐུས། །
དམ་པ་བསྟིན་པའི་གོ་སྐབས་མེད། །
མཁས་སྙོམ་ཞིག་གིས་མཁན་པོ་ནི། །
མེད་པར་རང་རྟགས་བླངས་ཞེས་གྲགས། །

愚者自大又傲慢，
没有拜师之良缘。
且看自诩博学者，
未经堪布称受戒。

77

མཁས་པ་དང་པོ་དབྱེ་དཀའ་ཞིང་།།
ཕྱི་ནས་ཡང་ནི་འདུམ་པ་སླ།།
ལྗོན་ཤིང་གཅོད་པར་དཀའ་ན་ཡང་།།
སྦྱར་བའི་ཚེ་ན་འགྱུར་ལ་ལྡོགས།།

智者最初难交往，
一旦相交便难忘。
果木最初难嫁接，
嫁接便能生果香。

78

བླུན་པོ་དང་པོ་དབྱེ་སླ་ཞིང་། །
ཕྱི་ནས་ཡང་ནི་འདུམ་པ་དཀའ། །
སོལ་བ་ཆག་པར་གྱུར་པ་ན། །
འབྱར་བའི་གོ་སྐབས་མེད་ལ་ལྟོས། །

愚者最初极易交，
一有分歧再难合。
木炭一经被打碎，
再也无缘相黏合。

79

མཁས་པ་ཤིན་ཏུ་ཁྲོས་གྱུར་ཀྱང་།།
ཕུགས་སུ་ཕན་པ་ཁོ་ན་སྟེ།།
ཡི་དམ་ཆོས་སྐྱོང་ཁྲོས་ན་ཡང་།།
བར་ཆད་མཐའ་དག་སྲུང་ལ་ལྟོས།།

智者即便生怒气，
也是着想对方利。
本尊护法常忿怒，
始终守护众生利。

80

བླུན་པོ་ཤིན་ཏུ་འཛུམ་ན་ཡང་། །
ཕུགས་སུ་གནོད་པ་ཁོ་ན་སྟེ། །
གཤིན་རྗེ་འཛུམ་པ་སྟོན་པ་ཡིས། །
སྲོག་ཆགས་གསོད་པའི་ཚུལ་ལ་ལྟོས། །

愚者虽然露笑颜，

心中只为害他人。

且看死神露笑容，

却为夺取他人命。

81

མཁས་པ་འབྱོར་པ་ཅན་གྱིས་ནི། །
གཞན་ལ་མི་གནོད་བདེ་བར་གནས། །
རི་དྭགས་རྒྱལ་པོ་འགྲངས་པ་ན། །
གཞོགས་གཡས་ཕབ་ནས་ཉལ་ལ་ལྟོས། །

智者一旦得财富，

对人无欺享安乐。

且看雄狮饭饱后，

侧身安然向右卧。

82

བླུན་པོ་ཅུང་ཟད་འབྱོར་པ་ན། །
གཞན་ལ་གནོད་པ་ཁོ་ན་སྟེ། །
ཝ་སྐྱེས་ཟས་ཀྱིས་འགྲངས་པ་ན། །
བརྒྱལ་ནས་ལྟས་ངན་སྒྲོག་ལ་ལྟོས། །

愚者一旦得财富，
心中唯想害他人。
且看狐狸吃饱后，
发出不祥之怪叫。

83

མཁས་པ་ཡོན་ཏན་བསླབ་པའི་ཚེ།།
སྡུག་ཀྱང་སྲན་དུ་ཚུགས་པ་སྟེ།།
རྒྱ་མཚོར་བགྲོད་པར་དཀའ་ན་ཡང་།།
ནོར་བུ་ལོན་པས་འཚོངས་ལ་ལྟོས།།

智者修习学问时，
所有艰辛皆忍受。
远航大海虽艰难，
最终所获是珠宝。

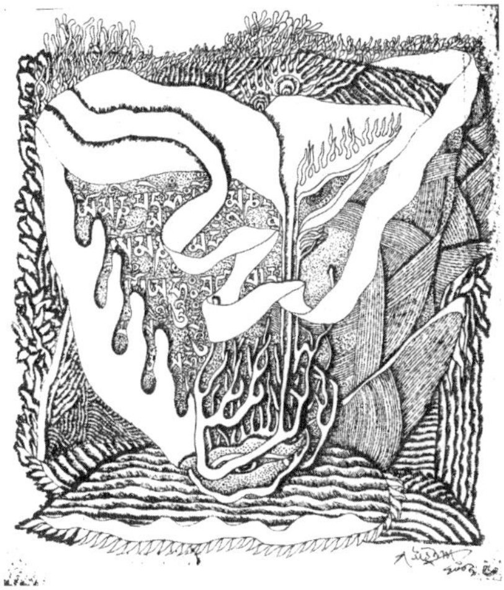

84

བླུན་པོས་སྐྱིད་འདོད་ལེ་ལོས་འདབ།།
མ་བསླབ་ཡོན་ཏན་ཅི་ལ་འབྱུང་།།
ཚོང་དང་ཞིང་ལས་མ་ནུས་པའི།།
ཁྱིམ་པ་ཕལ་ཆེར་དབུལ་ལ་ལྟོས།།

愚者贪福又懒惰，
不学学问何以得？
不会经商不务农，
如此家境皆贫困。

85

མཁས་པས་རང་གི་སྐྱོན་ལ་ལྟ། །
དེ་ཡིས་བག་ཡོད་དགེ་ལེགས་ཐོབ། །
མ་སྐྱེས་དགྲ་ཡིས་རང་སྐྱོན་ལ། །
བལྟས་པས་བདེན་པ་མཐོང་ལ་ལྟོས། །

智者在意己缺点，
因此谨慎而圆满。
未生怨王从自身，
洞穿佛法之真善。

86

བླུན་པོས་གཞན་གྱི་སྐྱོན་ལ་ལྟ། །
དེ་ཡིས་བག་མེད་སྡུག་བསྔལ་ཐོབ། །
ལེགས་པའི་སྐར་མས་སངས་རྒྱས་ཀྱི། །
སྐྱོན་ལ་བལྟས་པའི་རྣམ་སྨིན་ཐོས། །

愚者只见他人错，
如此却遭无耻苦。
勒巴嘎玛看佛祖，
百般挑剔遭报应。

87

མཁས་པས་གཞན་གྱིས་ཕན་བཏགས་པའི། །
བྱས་པ་ཤེས་ཤིང་དྲིན་དུ་གཟོ། །
ཀུན་ཏུ་རྒྱུ་ཡིས་རྒྱལ་པོ་ཞིག །
སྡིག་དང་བྲལ་བའི་བྱུང་བ་ལྟོས། །

若得他人之相助，
智者知恩又图报。
请看更顿吉菩萨，
帮助君王离苦难。

88

བླུན་པོས་དྲིན་དུ་མི་གཟོ་བས། །
ཕན་བཏགས་ལན་དུ་གནོད་པ་བྱེད། །
སྤྲེའུས་གཡང་ལས་བསྒྲལ་བ་ཡི། །
མི་ངན་གྱི་ནི་སྤྱོད་ཚུལ་ལྟོས། །

愚者不懂报恩情，
相助反而遭其害。
猴子出救落山者，
反遭其人之杀害。

89

མཁས་པ་ཕུན་སུམ་ཚོགས་གྱུར་ན། །
ལོངས་སྤྱོད་བདེ་སྐྱིད་ངང་གིས་འབྱུང་། །
ལྷ་དབང་ལྷ་རྫས་ན་བཟའ་དང་། །
བདུད་རྩིའི་ཟས་ཀྱིས་མཆོད་ལ་ལྟོས། །

智者待得丰润时，
自然享用富足乐。
请看释帝等众神，
身着锦衣享甘露。

90

བླུན་པོ་ནོར་གྱིས་ཕྱུག་ན་ཡང་། །
བཀྲེས་པ་བཞིན་དུ་ལོངས་མི་སྤྱོད། །
ཝ་སྐྱེས་ཤ་དང་འཕྲད་བཞིན་དུ། །
གཉུ་རྒྱུད་ཟོས་པས་ཕུང་ལ་ལྟོས། །

愚者即便得财富，

亦如贫者难享用。

且看狐狸遇鲜肉，

却遭筋头噎致死。

91

མཁས་པས་ལྟོ་གོས་ཁྲིད་བསད་ནས། །
བཟང་པོའི་གཏམ་ལ་ངོ་སོར་བྱེད། །
དཔའ་བོ་གང་ལའང་མི་ལྟ་བར། །
གཡུལ་ལས་རྒྱལ་བར་བྱེད་ལ་ལྟོས། །

智者克服衣食苦，
呵护自身之美名。
请看神勇之英雄，
不畏性命战沙场。

92

བླུན་པོས་སྙན་གྲགས་ཁྱད་བསད་ནས།།
ཅུང་ཟད་འབྱོར་ལ་ངོ་སོ་བྱེད།།
རྐུ་འཕྲོག་བྱེད་པའི་སྐྱེ་བོ་ཡང་།།
རྒྱན་གྱིས་མཛེས་པར་བྱེད་ལ་ལྟོས།།

愚者不顾己声誉，
稍有财富便炫耀。
且看偷盗之扒手，
身戴美饰去招摇。

93

མཁས་པ་རྟག་ཏུ་ཟོན་གནས་པས། །
ནམ་ཡང་གཞན་གྱིས་བརྙག་མི་ནུས། །
རབ་སྣང་གཏུམ་པོས་ས་འཛིན་ལ། །
གླགས་མ་རྙེད་པའི་བྱུང་བ་ལྟོས། །

智者时常总谨慎，
不会遭遇他人毁。
恶者欲取君王位，
无机可乘无奈何。

94

བླུན་པོ་རྟག་ཏུ་ཟོན་སློད་པས། །
ངེས་པར་གཞན་གྱིས་བརྣག་པར་འགྱུར། །
མ་ཞང་ཁྲོམ་པ་སྐྱེས་ཞེས་པ། །
དོང་དུ་བཅུག་པའི་བྱུང་བ་ལྟོས། །

愚者时常总麻痹，

注定最终遭人算。

且看玛相充巴吉，

抛入洞穴之惨案。

95

མཁས་པ་ལ་ནི་གཞན་དག་གིས། །
གནོད་པ་བྱས་ཀྱང་ཕན་པ་སྟེ། །
དགེ་སློང་ལམ་བར་བཙུ་གཉིས་སྡེས། །
གནོད་ཀྱང་ཕན་པའི་རྣམ་ཐར་ལྟོས། །

智者即便遭人害，
亦以善美相报之。
请看遭害之比丘，
以德报怨之传奇。

96

བླུན་པོ་ཉིད་ལ་གཞན་དག་གིས།།
ཕན་པར་བྱས་ཀྱང་གནོད་པ་སྐྱེ།།
ལྷས་བྱིན་ལ་ནི་མ་སྐྱེས་དགྲས།།
བསྙེན་བཀུར་བྱས་པའི་ཉེས་དམིགས་ལྟོས།།

愚者即便得人助，
恩将仇报是其德。
未生怨王尊天授，
且看却遭其之害。

97

མཁས་པ་རང་ལ་ཉེ་བ་ལ། །
བག་ཕེབས་སེམས་བདེ་སྐྱེར་བར་བྱེད། །
སེང་གེ་རི་དྭགས་མཐའ་དག་གི །
དབུགས་དབྱུང་བྱས་པའི་བྱུང་བ་ཕྱོས། །

智者对其亲近者，
给予舒适与安乐。
雄狮使得众野兽，
摆脱惊恐得喘息。

98

བླུན་པོ་རང་དང་ཉེ་བ་ལ།།
ཡི་འཇིག་སྡུག་བསྔལ་ངང་གིས་སྐྱེར།།
ཅལ་སྒྲ་ཐོས་པའི་རི་བོང་གིས།།
སྲོག་ཆགས་ཟླ་བོ་སྐྲག་ལ་ལྟོས།།

愚者对其亲近者，
给予惊恐与痛苦。
闻听咚声之野兔，
惊起野兽众兄弟。

99

མཁས་པ་ཡོན་ཏན་ཁོང་དུ་སྦེད།།
དེ་ལ་སྐྱེ་བོ་མང་དུ་འཁོར།།
རྒྱ་མཚོའི་ནང་གི་ནོར་བུ་ལ།།
དེད་དཔོན་མང་པོ་འཁོར་ལ་ལྟོས།།

智者胸中自有德，

继而众人相随之。

大海深处之珠宝，

引得水手去打捞。

100

བླུན་པོ་ཡོན་ཏན་ཁ་རུ་འཆིན།།
དེ་ལ་སྐྱེ་བོ་འཁོར་མི་འགྱུར།།
སོག་མ་ཆུ་ཡི་སྟེང་འགྲོ་བ།།
སུས་ཀྱང་ལེན་པ་མེད་ལ་ལྟོས།།

愚者所知挂嘴边，
无人愿意相随之。
漂浮水上之秸秆，
无人愿意捡拾之。

101

མཁས་པ་ཁོག་ཡངས་ཙ་ཙོ་མེད། །
དེ་ཡིས་ཟབ་ཁྱད་མཚོན་པ་སྟེ། །
རྒྱ་མཚོ་དལ་བར་འབབ་པ་ཡིས། །
གཏིང་དཔག་མཚོག་ཏུ་དཀའ་ལ་ལྟོས། །

智者心宽却寂静，

却是深邃之表现。

汪洋大海无动静，

却难知晓其深度。

102

བླུན་པོ་ཁེངས་ཤིང་སྨྲ་བ་མང་།།
དེ་ཡིས་བློ་ཆུང་མཚོན་པ་སྟེ།།
ཤུར་སྒྲ་འབྱིན་པའི་ཆུ་ཕྲན་གྱི།།
གཏིང་དཔག་ཤིན་ཏུ་སླ་ལ་ལྟོས།།

愚者傲慢又多言，
却是浅薄之表现。
喧响不断之溪流，
轻易便知其深浅。

103

མཁས་པ་གཏིང་ནས་འཁོན་ཡང་རུང་།།
ལེགས་པར་བཏུད་ན་ཞི་བ་སྟེ།།
གསེར་དངུལ་ཤིན་ཏུ་སྲ་བ་ཡང་།།
བཞུ་བར་ནུས་པའི་ཚུལ་ལ་ལྟོས།།

智者虽亦动怒容，
一经劝阻便平静。
金银虽然自身硬，
一经熔炼便柔软。

104

བླུན་པོ་འཁོན་ནམ་མ་འཁོན་ཡང་། །
ལེགས་པར་བཀུད་ན་རེངས་པ་སྐྱེ། །
ཁྱི་ལུད་ཕུང་པོ་བཞུ་བ་ན། །
དྲི་ངན་འབའ་ཞིག་བྱུང་ལ་ལྟོས། །

愚者一旦动怒气，
劝阻反而更发怒。
狗屎一经被火化，
臭气冲天难忍受。

105

མཁས་པ་དྲང་བའི་སེམས་ལྡན་པས།།
བྱ་བ་གང་བྱས་ཐད་ཀར་འགྲོ།།
འཚོ་བྱེད་གཞོན་ནུའི་སྨན་དཔྱད་ནི།།
བྱས་པ་མཐའ་དག་འཚེངས་ལ་ལྟོས།།

智者心胸皆耿直，
但凡诸事敢面对。
得以耆婆医治者，
众人皆获欢愉心。

106

གླེན་པོ་གཡོ་སྒྱུའི་སེམས་ལྡན་པས། །
བྱ་བ་ཕལ་ཆེར་རང་ལ་ལྡོག །
ཤར་པའི་བུ་ཉིད་ཐར་རྗེས་སུ། །
བུད་མེད་གཡོ་སྒྱུས་བསད་ལ་ལྟོས། །

愚者心中怀狡诈，

凡事皆不如己愿。

逃脱命难夏巴布，

死于女子之诈骗。

107

མཁས་པ་སྔར་འདྲིས་མ་གཏོགས་པ།།
སྐྱོ་བུར་ཕྲད་ལ་ཡིད་མི་རྟོན།།
རི་དྭགས་མི་དང་མ་འདྲིས་པས།།
མཐོང་མ་ཐག་ཏུ་བྲོས་ལ་ལྟོས།།

智者除却熟知者，
不向陌路露心迹。
未曾见人之野兽，
相遇之时便逃离。

108

བླུན་པོ་སྔོན་ཆད་མ་འདྲིས་ཀྱང་། །
གློ་བུར་འགྲོགས་ལ་མགོ་བློ་གཏོད། །
བྷཾ་ག་ལ་ཡི་རྒྱལ་པོ་ཉིད། །
བདུད་མོས་བསླུས་པའི་བྱུང་བ་ལྟོས། །

愚者得遇陌路人，
虽未相熟却掏心。
且看巴嘎拉君王，
遭遇魔女之诱惑。

109

མཁས་པ་གནོད་ཚིག་ཁར་མི་འབྱིན།།
དེ་ཉིད་དགྲ་ཡིས་གཞོམ་མི་ནུས།།
སེང་གེ་ཉལ་བར་གྱུར་ཀྱང་ནི།།
རི་དྭགས་སྐྲག་པའི་ཚུལ་ལ་ལྟོས།།

智者从不吐恶言，

因此难遭恶敌害。

雄狮即便卧地睡，

亦能恐吓众野兽。

110

བླུན་པོ་གནོད་ཚིག་ཁ་རུ་འབྱིན།།
དེ་ཉིད་དགྲ་ཡིས་གཞོམ་པར་ནུས།།
ཁྱི་རྣམས་རྟག་ཏུ་ཟུག་པ་ཡང་།།
སྤྱང་གིས་སྐྲག་པར་གྱུར་ལ་ལྟོས།།

愚者时时吐恶言，

因此常被恶敌害。

众狗吠叫不止时，

狼群一叫仍恐惧。

111

མཁས་པ་བློ་གྲོས་ཟབ་པའི་མཐུས། །
གཞན་ལ་མི་ལྟོས་རང་གིས་སྒྲུབ། །
མཆོད་སྦྱིན་བྱེད་པའི་རྒྱལ་པོ་ཡིས། །
ཆོས་ཀྱི་མཆོད་སྦྱིན་བྱས་ལ་ལྟོས། །

智者深邃之智慧，
毋需他助自成事。
且看供施之君王，
完成善法之供施。

112

བླུན་པོ་བློ་གྲོས་འཆལ་བའི་མཐུས། །
དབང་མེད་གཞན་གྱི་ངག་རྗེས་འབྲངས། །
དཔལ་སྦྱིན་གྱིས་ནི་སངས་རྒྱས་ལ། །
དུག་གི་ཟས་སྦྱོར་བྱས་ལ་ལྟོས། །

愚者不具善智慧，
不由追随他人言。
华贝轻信裸者言，
且把毒食呈佛祖。

113

མཁས་པ་བཟང་པོའི་ལས་བྱེད་པས། །
ལས་འབྲས་བཟང་པོ་འཕྲལ་དུ་སྨིན། །
སིང་ག་ལ་ཞེས་གྲུ་བ་ཡིས། །
འཕྲལ་དུ་རྒྱལ་སྲིད་ཐོབ་ལ་ལྟོས། །

智者从事美善业，
因此亦得美善果。
且看水手桑嘎拉，
即刻获取国政权。

114

བླུན་པོ་ངན་པའི་ལས་བྱེད་པས། །
ལས་འབྲས་ངན་པ་འཕྲལ་དུ་མྱོང་། །
མ་དུས་སྟོ་བསངས་འཁོར་བཅས་རྣམས། །
མི་ལ་བསྲེགས་པའི་རྣམ་སྨིན་ལྟོས། །

愚者从事罪恶业，
因此亦得罪恶果。
玛德烧杀沃桑妃，
即刻得来烧杀报。

115

མཁས་པ་མགུ་བར་དཀའ་བ་སྟེ། །
ཡོན་ཏན་མེད་ལ་མཁས་མི་མགུ། །
ཕྲེང་ལྡན་མ་ཡིས་མུ་སྟེགས་བྱེད། །
བཀུར་བའི་གོ་སྐབས་མེད་ལ་ལྟོས། །

难以取悦真智者，
若无智慧难取悦。
王妃昌丹信佛法，
致使外道无机缘。

116

བླུན་པོ་མགུ་བར་སླ་བ་སྟེ། །
ཡོན་ཏན་ལྟར་སྣང་ཙམ་གྱིས་མགུ། །
ཁྲི་སྡེའི་བླ་དཔོན་ཕལ་ཆེ་བས། །
རྒྱ་ནག་མཁན་པོར་བཀུར་ལ་ལྟོས། །

取悦愚者极容易，
稍使计谋便被诱。
多数万户之高僧，
皆去敬奉汉地僧。

117

མཁས་པ་ཡོན་ཏན་ཀུན་ལྡན་ཏེ།།
བླུན་པོ་ལ་སྐྱོན་འབའ་ཞིག་ཡིན།།
རིན་ཆེན་དགོས་འདོད་འབྱུང་བ་དང་།།
སྦྲུལ་གདུག་ཉེས་ཀུན་སྐྱེད་ལ་ལྟོས།།

智者具备诸智慧，
愚者浑身尽恶俗。
珠宝之中得所愿，
毒蛇只能害众人。

118

དེ་ཕྱིར་མཁས་དང་བླུན་པོ་ཡི། །
རྣམ་དབྱེ་ལེགས་པར་ཕྱེད་ཀྱིས་ལ། །
མཁས་པ་རྒྱན་བཞིན་འཛིན་པ་དང་། །
བླུན་པོ་རྩྭ་བཞིན་དོར་བར་འོས། །

智者愚者之分别，
定当细细分辨之。
饰品一般敬智者，
杂草一样弃愚者。

119

གླང་ཆེན་ནང་གི་འཕྲུན་པ་བཞིན།།
འཇིག་རྟེན་མཁས་པའི་ནང་ནས་ཀྱང་།།
དཔའ་མཛངས་ལྡན་པའི་ཡིད་འཕྲོག་ནི།།
འཇིག་རྟེན་འདི་ན་རྒྱན་དུ་ཆེ།།

恰如大象中美象，
在这世间智者中，
智勇双全夺心魂，
此乃世间之美饰。

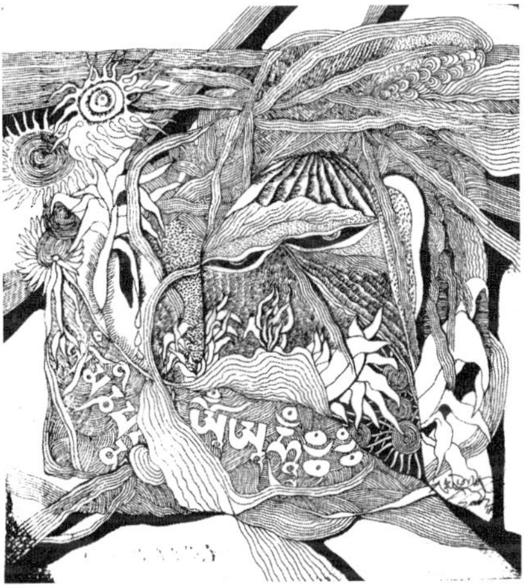

120

ནོར་བུའི་ནང་གི་བསམ་འཕེལ་བཞིན། །
ཆོས་ལ་མཁས་པའི་ནང་ནས་ཀྱང་། །
མཁས་བཙུན་བཟང་གསུམ་འཛོམས་པ་ནི། །
བསྟན་པ་འདི་ལ་རྒྱན་དུ་ཆེ། །

恰如珠宝中如意，
深谙善法之智者，
具备贤正善三德，
乃是善法之美饰。

121

མཁས་པའི་དབང་པོ་ས་པཎ་གྱིས། །
མཁས་པ་རྣམ་པར་དབྱེ་བ་ཡི། །
ལེགས་བཤད་རིན་ཆེན་གཏེར་ཞེས་པ། །
འཇིག་རྟེན་མིག་ཏུ་བྱིན་ན་ཡང་། །

智者之尊萨班佛，
奉上分辨智愚之，
格言珠宝之矿藏，
乃是看透世间眼。

122

དེང་སང་མཁས་པའི་ཉིན་བྱེད་རྣམས། །
ཞིང་གཞན་ནུབ་རིའི་རྩེར་སོན་ཅིང་། །
བླུན་རྨོངས་ཟླ་བའི་གཟུགས་ཤར་བས། །
ལེགས་བཤད་པདྨོ་ཕལ་ཆེར་ཟུམ། །

可惜如日善知识，
已在他乡之西山，
月影之光之愚者，
格言之莲皆不开。

123

སྣར་ཡང་བདག་བློའི་སྙིད་ཚལ་འདིར། །
རྣམ་དཔྱོད་ཉི་མའི་ཟེར་འཁྱིལ་ཞིང་། །
བརྩོན་འགྲུས་ཆར་གྱིས་བྲན་པ་ལས། །
ལེགས་བཤད་པདྨ་དཀར་པོ་འབྲུངས། །

在我心间之莲池，
智慧阳光自照耀，
勤勉雨露亦滋润，
开出格言之白莲。

124

ཁྲེལ་ཡོད་མཛེས་པའི་ལུས་འཆང་ཞིང་། །
བློ་གྲོས་མིག་དཀྱུས་རིང་པོ་ཡིས། །
སྐལ་བཟང་རྐང་དྲུག་ལྡན་པ་རྣམས། །
དེང་ནས་རྩེ་ཞིང་རོལ་པར་མཛོད། །

知耻身姿秀美者，
具备智慧之法眼，
有缘六足之蜜蜂，
且到其间来享游。

125

དེ་ལྟར་ལེགས་པར་བཤད་པ་ཡི། །
དགེ་བས་དེང་སང་སྐྱེ་བོ་ཀུན། །
མཁས་བླུན་རྣམ་དབྱེ་ཤེས་ནས་ནི། །
མཁས་ལ་མ་ནོར་དད་གྱུར་ཅིག། །།

如此善说之格言，
能使当今之众生，
善辨智愚之区别，
勿误切将智者敬！

ཅེས་མཁས་པ་དང་བླུན་པོ་བརྟག་པའི་བསྟན་བཅོས་དགེ་ལྡན་ལེགས་བཤད་པདྨ་དཀར་པོའི་ཆུན་པོ་ཞེས་བྱ་བ་འདི་ནི། རང་གི་སློབ་མ་ལེགས་བཤད་དོན་དུ་གཉེར་བའི་བློ་གྲོས་ཅན་འགའ་ཟུང་གིས་བསྐུལ་བ་ལ་བརྟེན་ནས། ཡུལ་གངས་ཅན་དབུས་ཀྱི་ལེགས་པར་སྨྲ་བ་བསོད་ནམས་གྲགས་པ་རྣམ་དཔྱོད་མཆོག་གི་སྡེས། དགེ་ལྡན་རྣམ་པར་རྒྱལ་བའི་གླིང་དུ་སྦྱར་བའི་ཡི་གེ་པ་ནི་ལེགས་བཤད་སྨྲ་བ་ངག་དབང་ཆོས་ཀྱི་གྲགས་པའོ། །འདིས་ཀྱང་སྐྱེ་བོ་མཐའ་དག་གིས་མཁས་པ་དང་བླུན་པོའི་རྣམ་དབྱེ་བདེ་བླག་ཏུ་ཕྱེད་པར་གྱུར་ཅིག །སརྦ་མངྒ་ལཾ།། །།

《分辨智者愚者之论典格丹格言白莲花束》乃是本人在学生中喜好格言之个别慧者敦促下，在雪域中心善言者索南扎巴善智慧丛林格丹制胜洲吟成，书写者为善格言者阿旺曲吉扎巴。祈愿此文能使众生善辨智者愚者！萨巴芒嘎拉！

以上文本根据青海民族出版社 2006 年版《藏族格言大观·格丹格言篇》译成。